L'ORIGINE DU MONDE

ET

LA CHUTE DU PREMIER HOMME.

L'ORIGINE DU MONDE

ET

LA CHUTE DU PREMIER HOMME.

Piéce en cinq Actes tirée du Paradis perdu de Milton.

Spectacle de Peinture, Méchanique & Musique qui en expriment les différentes actions.

Segniùs irritant animos demissa per aurem,
Quàm quæ sunt oculis subjecta fidelibus.
Hor. Art poët. v. 180.

*Un récit saisit moins les esprits curieux
Qu'un spectacle frappant exposé sous les yeux.*

Composé & exécuté par le Sieur JOSSE,
Rue GRENETA, à l'Eventail des quatre Saisons.

Le prix est de 12 sols.

A PARIS,
Chez CLAUDE HERISSANT, Imprimeur-Libraire,
rue Neuve Notre-Dame, à la Croix d'or.

M. DCC. LXIII.
Avec Approbation & Permission.

Cet OUVRAGE est le résultat d'une idée que l'Auteur avoit conçue pour son amusement particulier : mais des personnes dont les talens sont connus, goûtant son projet, se sont offert à l'embellir, & y ont apporté les mêmes soins qu'ils auroient donnés à de plus grands Ouvrages : ainsi soit pour la partie de l'Architecture, la décoration, la Peinture, soit pour les paysages, la perspective, les personnages & les animaux, rien n'a été négligé. Les principales personnes qui y ont travaillé, sont Messieurs de Wailly, de Machy, Perrotte, Crespin, Barbier, Perrin & La Rue. La Musique a été composée relativement au sujet par M. Sody qui s'est distingué par divers Ouvrages en ce genre & en d'autres.

On a apporté la même attention pour la Méchanique, les effets des lumiéres & les bruits célestes & souterrains; & si l'œil se laisse agréablement abuser pour voir sur nos grands Théâtres des espaces immenses, il n'est pas hors de vraisemblance qu'en gardant les proportions on ne puisse faire en petit ce que la difficulté ne permet pas d'exécuter en grand.

L'Avant-Scene représente un Arc de Triomphe élevé aux Arts, dont les Muses placées sur des piédestaux ornent les parties inférieures : les deux principaux grouppes de colonnes sont surmontés par deux Statues représentans l'Etude & le Temps ; & Apollon dans sa gloire paroît descendre du Ciel pour les couronner.

Le Rideau qui forme l'ouverture de cet Arc, offre sur le devant l'entrée d'un Palais, un Tombeau orné de figures, & dans le lointain une grande Ville.

L'ORIGINE

L'ORIGINE DU MONDE
ET
LA CHUTE
DU PREMIER HOMME.
EN CINQ ACTES.

ACTE PREMIER.
SCENE PREMIERE.

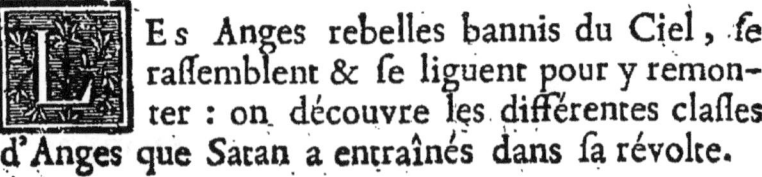Es Anges rebelles bannis du Ciel, se rassemblent & se liguent pour y remonter : on découvre les différentes classes d'Anges que Satan a entraînés dans sa révolte.

SCENE II.

L'Archange Michel à la tête de sa Troupe combat & repousse les mauvais Anges.

SCENE III.

Le Verbe paroît & les précipite dans l'abysme. Des bruits de foudres & de tonnerre annoncent leur chute & leur défaite.

SCENE IV.

Les Anges victorieux prosternés aux pieds du Très-haut l'adorent.

SCENE V.

Dieu développe le cahos, & forme les planettes & le monde.

Le sujet du Rideau d'entre-acte est le globe terrestre.

Fin du premier Acte.

ACTE II.

SCENE PREMIERE.

ON voit les antres affreux de l'abyſme, & les mauvais Anges qui s'y déſeſperent. Satan ſe léve de deſſus le fleuve de feu, tient conſeil avec Belzébuth Prince des Démons, & les principaux Chefs de ſa révolte qui cherchent une retraite.

SCENE II.

DES mines d'or qu'ils découvrent, leur fourniſſent des matériaux pour faire un édifice. *Mulciber*, Génie de l'Architecture, en préſente le plan à Satan: des légions d'Anges y travaillent, conduits par *Mammone* Génie des richeſſes.

SCENE III.

ON voit enſuite ſortir du centre de la terre un Palais nommé par les Démons *Pandæmonium*; & l'intérieur ſe remplit des principaux Anges rebelles. Satan toujours inquiet consulte le Livre des Destins, & y voit que Dieu doit créer un Etre spirituel pour le remplacer; il forme le dessein de nuire à l'homme, & de le perdre.

Le Rideau d'entre-acte est l'entrée extérieure du Pandœmonium.

Fin du second Acte.

ACTE III.

SCENE PREMIERE.

ON apperçoit les portes de l'Enfer gardées par la Mort & le Péché qui veulent s'opposer à la sortie de Satan : mais le reconnoissant pour leur pere, ils lui cedent le passage. Les portes s'ouvrent, & ils disparoissent.

SCENE II.

ON voit ensuite les figures symboliques du Cahos, du Temps, de la Nuit, des Songes & du Vuide, entourées du mêlange des quatre Elémens. Satan leur demande le chemin du nouveau monde, ils le lui indiquent.

SCENE III.

ENsuite paroissent successivement la Nuit, la Lumiére & le Monde physique (selon le systême de Copernique.) Satan y porte son vol.

Le Rideau d'entre-acte représente Satan faisant une tache au Soleil, & demande à l'Ange qui le garde, le chemin du nouveau Monde.

Fin du troisième Acte.

ACTE IV.

SCENE PREMIERE.

LE Théâtre repréfente la premiére vuë du Paradis terreftre orné de ce que peut offrir de plus beau la nature fortant des mains du Créateur. Les oifeaux, les animaux terreftres & les poiffons s'y voient chacun dans les lieux qui leur conviennent. Adam y vient au levé de l'Aurore, & confidere toutes ces merveilles.

SCENE II.

EVE fort d'un bofquet lumineux : Adam y vient la recevoir.

SCENE III.

LE Théâtre change, & l'Ange Gabriel vient annoncer à Adam les ordres & les défenfes du Tout-puiffant, & remonte au Ciel.

SCENE IV.

ON apperçoit au milieu du Paradis terrestre l'Arbre de la science du bien & du mal. Eve y vient, & Satan la tente sous la figure d'un Serpent.

SCENE V.

EVE va trouver Adam, l'amène au pied de l'Arbre, & l'engage à manger du fruit défendu.

SCENE VI.

LA nature par une révolution subite qu'expriment les éclairs, la foudre & les ténébres, paroît gémir de la faute du premier homme. Adam & Eve touchés & confus de cette faute se retirent.

SCENE VII.

LE Théâtre se change en un désert aride. On voit Adam & Eve chassés du Paradis terrestre par un Chérubin qui en garde l'entrée.

Le Rideau d'entre-acte représente une Forêt.

Fin du quatriéme Acte.

ACTE V.

SCENE PREMIERE.

ADAM transporté par un Ange sur une montagne, y reste endormi par la permission de Dieu, qui pour l'instruire de l'avenir lui fait voir en songe les principaux événemens de sa postérité.

1°. Le Déluge universel.

2°. La Tour de Babel & la confusion des langues.

3°. La délivrance du peuple Hébreux, Pharaon englouti dans la mer rouge.

4°. Le Temple de Jérusalem bâti par Salomon.

5°. La destruction du même Temple par Nabuchodonosor, & les Juifs emmenés en captivité à Babylone.

6°. La naissance du Messie.

7°. Sa mort.

8°. Sa victoire au Jugement dernier.

Nota. Toutes ces visions se succedent environnées & apportées dans un nuage, selon l'idée la

L'ORIGINE DU MONDE.

plus naturelle qu'on a pu se former de la nature des songes, exprimées par des airs analogues à chaque vision.

SCENE DERNIERE.

Toutes les nuées se dissipent & laissent voir le Temple de l'Eternel rempli des différentes classes d'Anges & de Vertus. Ensuite le Tout-puissant paroît sur son Trône environné de toute sa gloire.

Fin du cinquiéme & dernier Acte.

Lu & approuvé ce 28 Décembre 1762.
MARIN.

Vu l'Approbation, permis d'imprimer ce 12 Janvier 1763. DE SARTINE.

www.ingramcontent.com/pod-product-compliance
Lightning Source LLC
Chambersburg PA
CBHW070538050426
42451CB00013B/3075